지구를 살리는 그림책

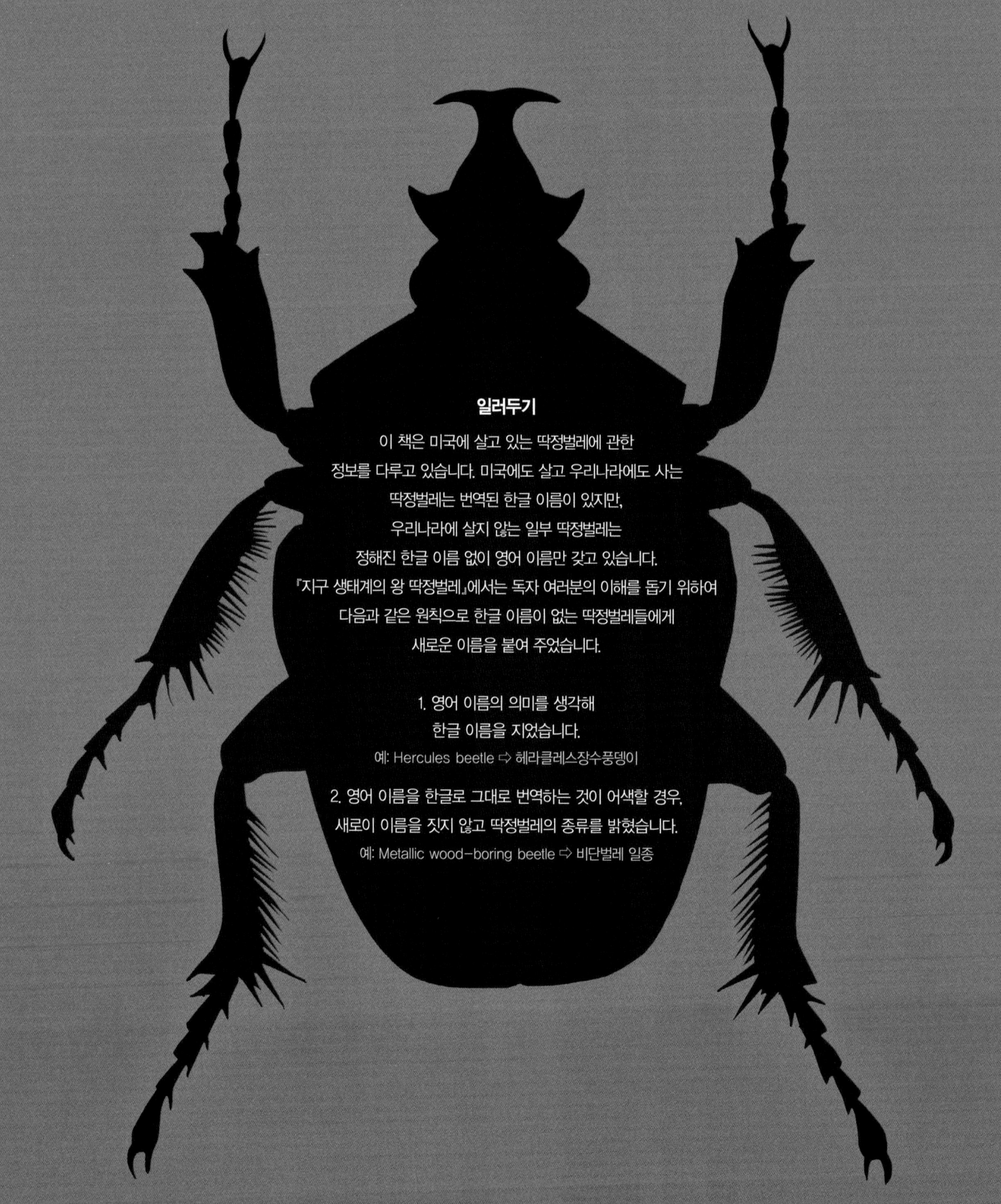

일러두기

이 책은 미국에 살고 있는 딱정벌레에 관한
정보를 다루고 있습니다. 미국에도 살고 우리나라에도 사는
딱정벌레는 번역된 한글 이름이 있지만,
우리나라에 살지 않는 일부 딱정벌레는
정해진 한글 이름 없이 영어 이름만 갖고 있습니다.
『지구 생태계의 왕 딱정벌레』에서는 독자 여러분의 이해를 돕기 위하여
다음과 같은 원칙으로 한글 이름이 없는 딱정벌레들에게
새로운 이름을 붙여 주었습니다.

1. 영어 이름의 의미를 생각해
한글 이름을 지었습니다.
예: Hercules beetle ➪ 헤라클레스장수풍뎅이

2. 영어 이름을 한글로 그대로 번역하는 것이 어색할 경우,
새로이 이름을 짓지 않고 딱정벌레의 종류를 밝혔습니다.
예: Metallic wood-boring beetle ➪ 비단벌레 일종

지구 생태계의 왕
딱정벌레

스티브 젠킨스 글·그림 | 마술연필 옮김
임종옥(국립수목원 임업연구사) 감수

보물창고

앞쪽 그림 : 사슴벌레
위·오른쪽 그림 : 하늘소

지구에 사는 모든 동물과 식물을 통틀어 딱정벌레의 종류가 가장 많다는 사실!
알고 있었나요?
지구의 모든 생물 종 가운데 넷 중 하나는 딱정벌레랍니다.
그야말로 지구 생태계의 왕이지요!

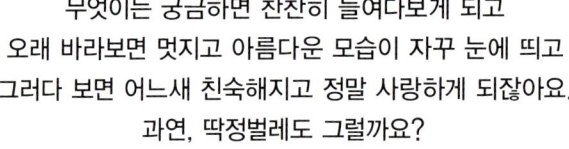

무엇이든 궁금하면 찬찬히 들여다보게 되고
오래 바라보면 멋지고 아름다운 모습이 자꾸 눈에 띄고
그러다 보면 어느새 친숙해지고 정말 사랑하게 되잖아요.
과연, 딱정벌레도 그럴까요?

딱정벌레의 다양성

아래에 보이는 곤충들은 모두 딱정벌레입니다.
딱정벌레의 종류는 매우 다양한데,
각 종류마다 서로 다른 모양·크기·색깔을 가지고 있습니다.

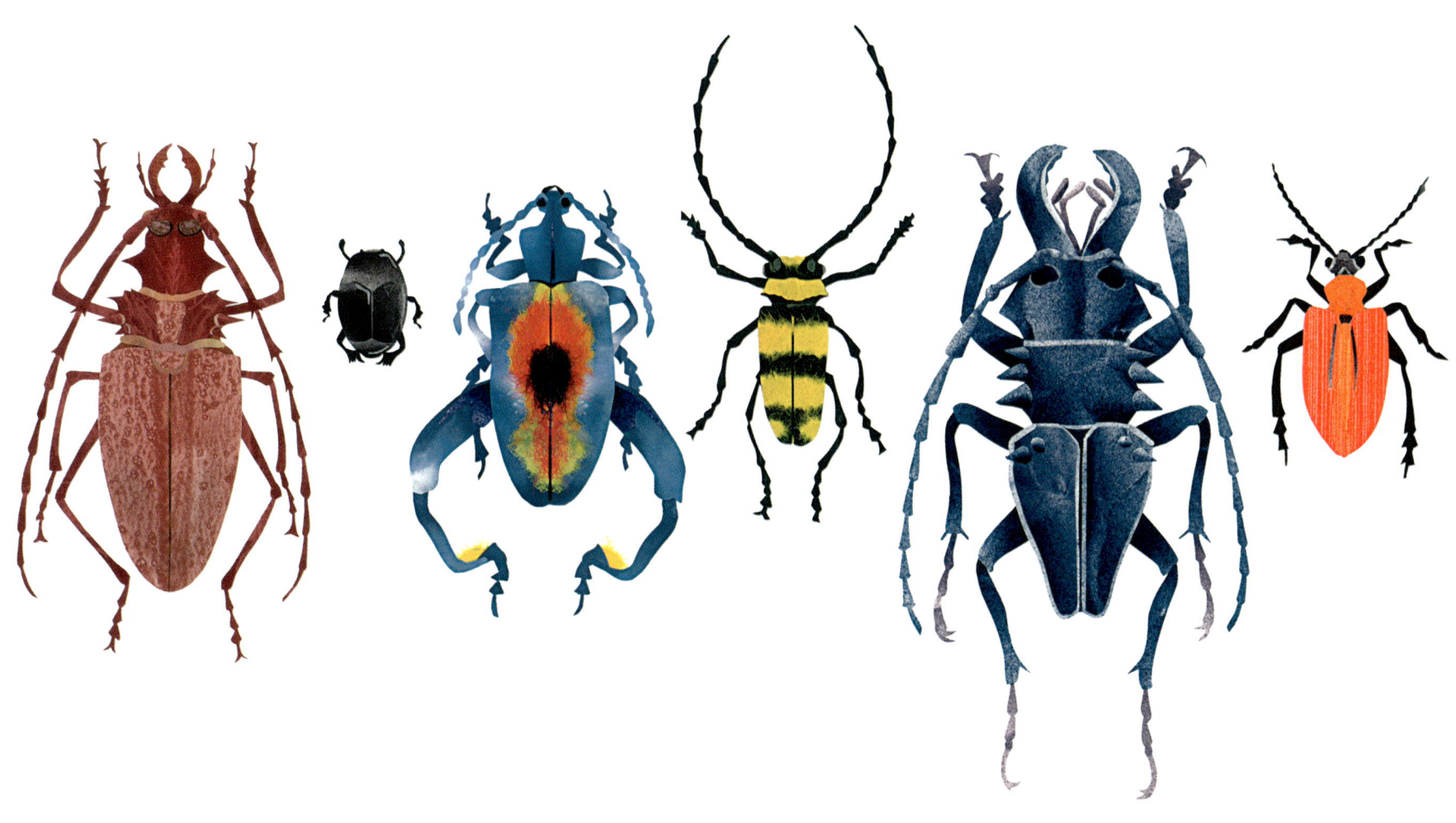

하늘소   풍뎅이붙이   수중다리잎벌레   유리알락하늘소   시몬스장수하늘소   백합잎벌레

보석바구미　　　삼나무딱정벌레　　　납작얼굴하늘소　　　잎벌레　　　인도네시아딱정벌레　　　쇠똥구리

딱정벌레란 무엇인가?

딱정벌레는 다른 곤충들처럼 한 쌍의 더듬이와 여섯 개의 다리가 있고, 몸통은 머리·가슴·배 세 부분으로 나뉩니다. 옆에 보이는 꽃무지 그림은 실제 꽃무지보다 두 배 크게 그린 것입니다.

딱정벌레는 바다와 극지방을 제외한 지구의 거의 모든 지역에서 발견됩니다. 초원, 숲, 정글, 호수, 강, 심지어 사막에서도 딱정벌레를 찾아볼 수 있답니다.

우리에게 알려진 딱정벌레의 종류만 해도 35만 종이 넘습니다. 그 딱정벌레들은 저마다의 이름이 있지요. 요즘에도 새로운 딱정벌레가 매년 수천 종씩 발견됩니다. 아직 이름이 없는 딱정벌레까지 모두 더한다면, 딱정벌레 종류는 100만 종이 넘을지도 몰라요.

딱정벌레는 눈과 더듬이로 주변 환경을 감지합니다. 다리와 몸통에 달린 작은 털들은 소리와 냄새를 느끼는 데 사용되지요.

딱정벌레의 몸통은 '외골격'이라 불리는 단단한 껍데기로 둘러싸여 있답니다. 이 딱딱한 껍데기는 딱정벌레의 몸통을 지탱하고 보호합니다.

딱정벌레는 약 2억 3천만 년 전부터 진화해 왔는데, 이는 공룡이 활동하던 시기와 비슷합니다.

딱정벌레는 폐나 아가미가 없습니다. 대신 몸통에 달린 숨구멍을 통해 숨을 쉽니다.

딱정벌레의 구성 요소

딱정벌레들은 똑같은 기본 구조를 가지고
있습니다. 물론 날개가 없어 땅을 기어 다니는
보행성 딱정벌레나, 눈이 없어서 동굴에 사는
딱정벌레 같은 예외도 있지만, 대부분의
딱정벌레가 아래에 설명되어 있는
기관들로 구성되어 있습니다.

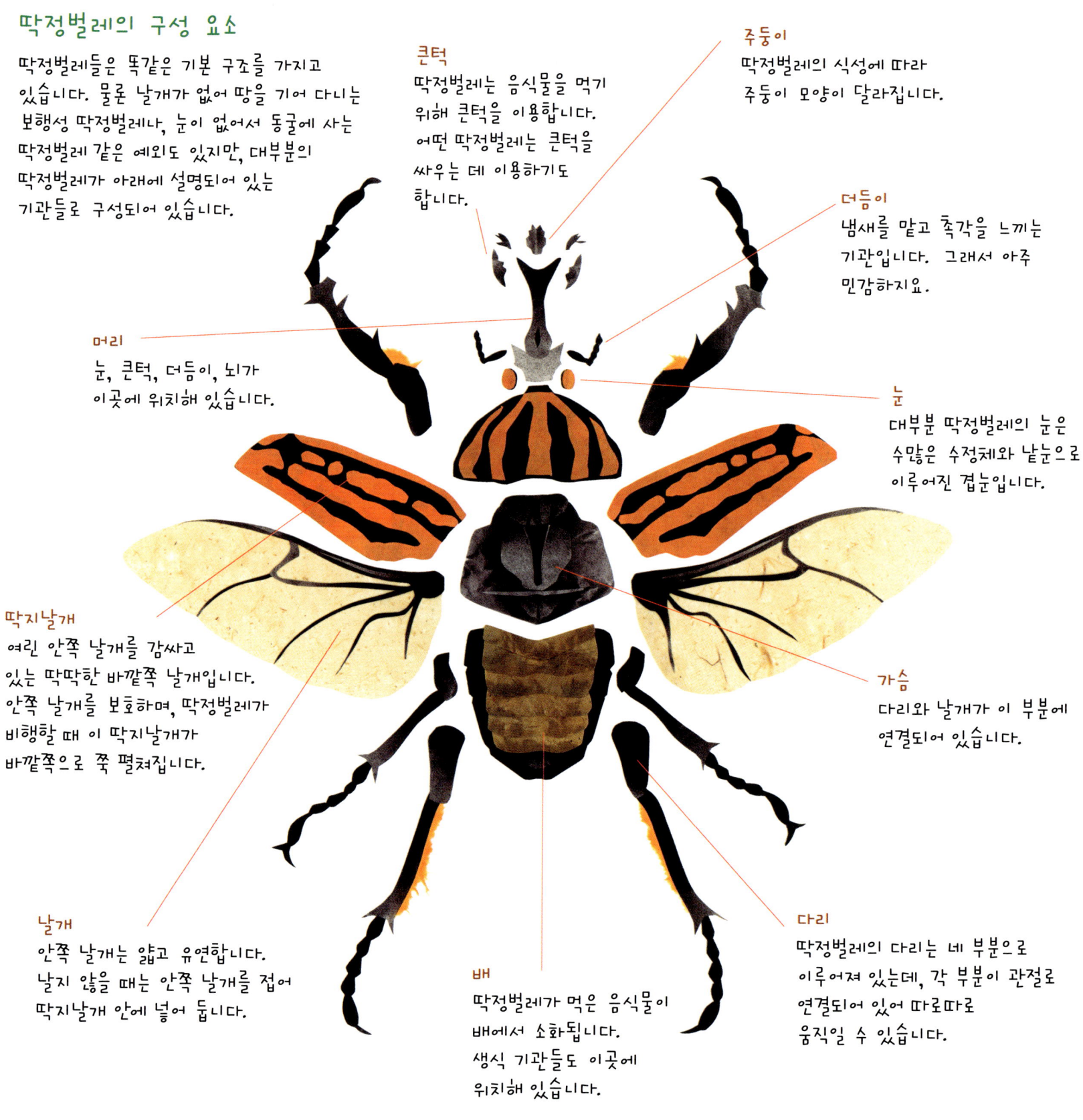

큰턱
딱정벌레는 음식물을 먹기
위해 큰턱을 이용합니다.
어떤 딱정벌레는 큰턱을
싸우는 데 이용하기도
합니다.

주둥이
딱정벌레의 식성에 따라
주둥이 모양이 달라집니다.

더듬이
냄새를 맡고 촉각을 느끼는
기관입니다. 그래서 아주
민감하지요.

머리
눈, 큰턱, 더듬이, 뇌가
이곳에 위치해 있습니다.

눈
대부분 딱정벌레의 눈은
수많은 수정체와 낱눈으로
이루어진 겹눈입니다.

딱지날개
여린 안쪽 날개를 감싸고
있는 딱딱한 바깥쪽 날개입니다.
안쪽 날개를 보호하며, 딱정벌레가
비행할 때 이 딱지날개가
바깥쪽으로 쭉 펼쳐집니다.

가슴
다리와 날개가 이 부분에
연결되어 있습니다.

날개
안쪽 날개는 얇고 유연합니다.
날지 않을 때는 안쪽 날개를 접어
딱지날개 안에 넣어 둡니다.

배
딱정벌레가 먹은 음식물이
배에서 소화됩니다.
생식 기관들도 이곳에
위치해 있습니다.

다리
딱정벌레의 다리는 네 부분으로
이루어져 있는데, 각 부분이 관절로
연결되어 있어 따로따로
움직일 수 있습니다.

딱정벌레의 특징

딱정벌레는 뛰어난 적응력을 가지고 있습니다. 이 적응력으로 다양한 환경 속에서 끊임없이 진화와 번성을 거듭해 왔습니다.

딱정벌레는 각 종류마다 큰턱의 모양과 크기가 모두 다릅니다. 이 큰턱의 모양과 크기에 따라 딱정벌레가 섭취하는 먹이의 종류도 달라집니다. 위에 보이는 그림은 사슴벌레의 큰턱인데, 실제보다 두 배 크게 그린 것입니다.

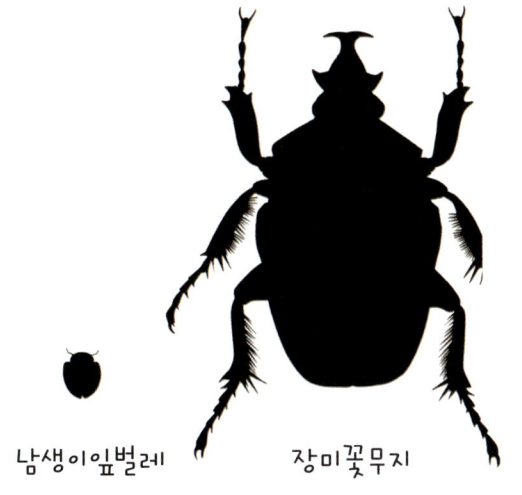

남생이잎벌레   장미꽃무지

(위 그림은 실제 크기입니다.)

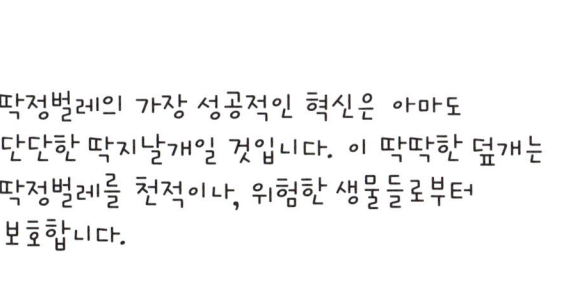

딱정벌레의 가장 성공적인 혁신은 아마도 단단한 딱지날개일 것입니다. 이 딱딱한 덮개는 딱정벌레를 천적이나, 위험한 생물들로부터 보호합니다.

남생이잎벌레는 천적이 나타나
위협을 할 때면 자신의 몸통보다 더 큰
딱지날개 속에 머리와 다리를 쏙 넣어
몸을 숨깁니다. 마치 거북이가 등 껍데기 안에
머리와 다리를 넣는 것처럼 말이지요.

이 그림은 비단벌레를 실제보다 다섯 배 크게 그린
그림입니다. 날기 위해 딱지날개를 바깥쪽으로
쫙 펼친 모습이지요. 날 수 있는 능력은 딱정벌레가
위험에서 도망칠 수 있게 하며, 먹이를 찾거나
짝을 찾을 수 있게 도와줍니다.

딱정벌레의 감각

딱정벌레는 눈과 더듬이를 이용해서
주변 환경을 감지합니다. 어떤 딱정벌레들은
일반적인 딱정벌레들보다 더 예민한 감각 기관을
가지고 있기도 합니다.

이 딱정벌레는 비단벌레의 한 종류인데,
몸에 열을 감지하는 특별한 부위들이 있습니다.
이 부위들을 이용해 32킬로미터 넘게 떨어진
곳에서 난 불도 감지할 수 있습니다.
이 딱정벌레는 산불이 난 곳으로 날아가
새까맣게 타 버린 나무 위에 알을 낳습니다.
이곳에 알을 낳으면 천적의 공격을 받을 걱정이
전혀 없지요.

깃털더듬이딱정벌레는
깃털처럼 부드럽고 연약한 더듬이로
다른 딱정벌레들이 보내는 화학적 메시지를
감지합니다.

다른 딱정벌레들처럼,
왜콩풍뎅이도 겹눈을 가지고 있습니다.
겹눈은 딱정벌레가 주위 환경을 잘 살펴볼 수 있게
도와줍니다. 사람의 눈과 다르게 딱정벌레의 겹눈은
움직이는 생명체를 따라 움직이지 않고도
그들의 움직임을 관찰할 수 있습니다.

아프리카비단벌레 몸에 붙어 있는 털 뭉치들은
진동에 민감합니다. 천적들이 다가오는 것을
진동으로 느껴 미리 피할 수 있습니다.

물매암이는 호수나 강의 수면 위를 둥둥 떠다닙니다.
네 개의 눈이 있는데, 두 개는 물 위를 보고 나머지
두 개는 물 아래를 봅니다.

사탕수수풍뎅이는 주로 밤에 활동합니다.
사람은 들을 수 없는 높은 음역의 소리를 들을 수
있지요. 박쥐가 '끽' 하고 우는 소리를 들으면,
박쥐에게 잡아먹히지 않으려고 이리저리
날아다닙니다.

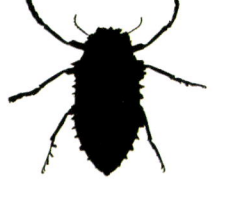

비단벌레 일종   깃털더듬이딱정벌레   아프리카비단벌레   왜콩풍뎅이   물매암이   사탕수수풍뎅이

딱정벌레의 싸움

일부 딱정벌레 수컷들은 짝을 얻기 위해
다른 딱정벌레와 싸웁니다. 이때 뿔이나 큰턱,
다리를 사용하곤 합니다.

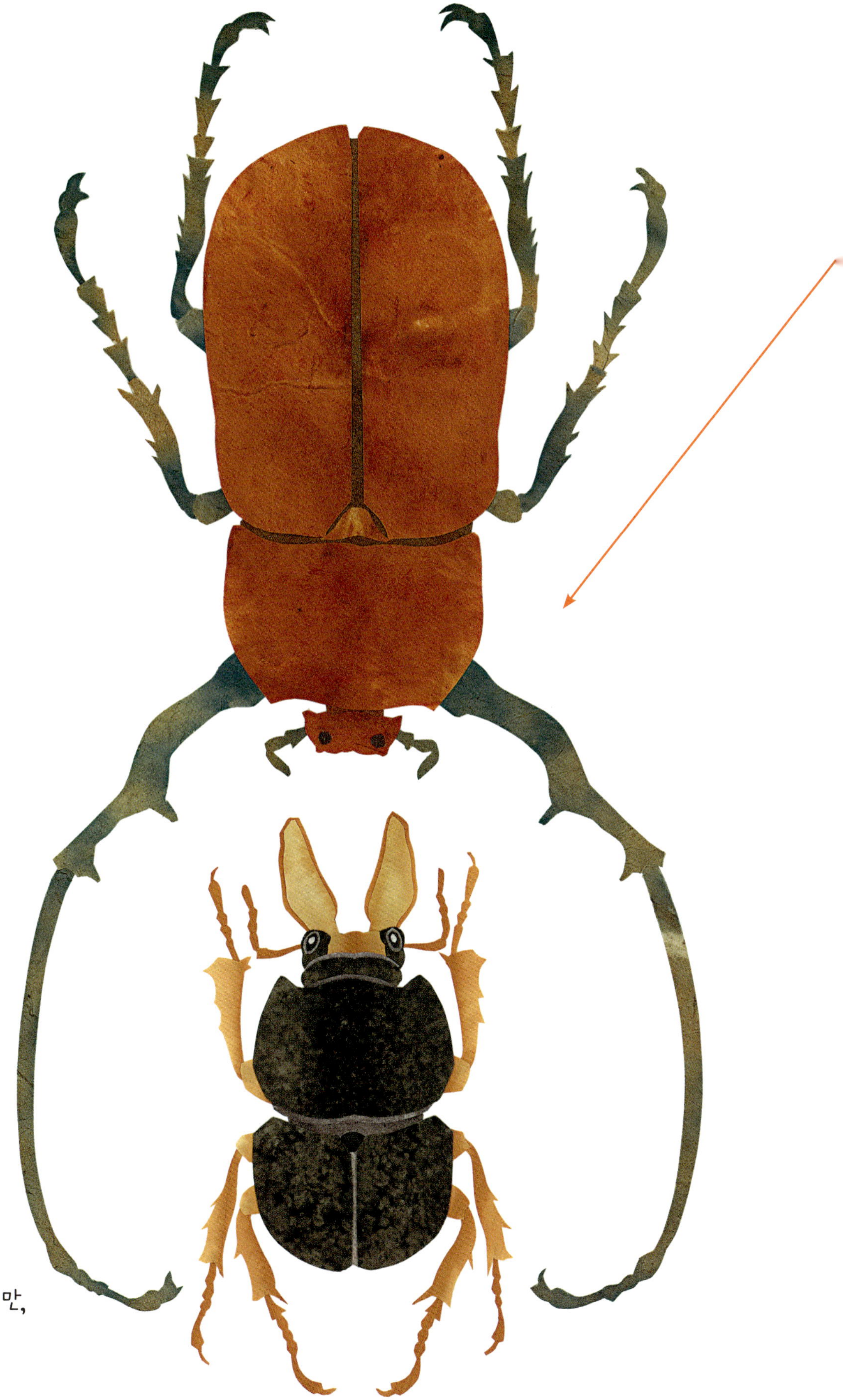

위에 그려진 사슴벌레는 실제 크기입니다.
수컷 사슴벌레는 다른 수컷과 싸울 때 큰턱을
사용합니다. 이 큰턱은 보기에 매우 위험하게 생겼지만,
사람의 피부를 해칠 만큼 단단하지는 않습니다.

왼쪽에 보이는 긴다리장수풍뎅이와 프리모시사슴벌레는 실제보다
두 배 큰 모습입니다. 긴다리장수풍뎅이는 튼튼한 앞다리를
이용해 싸웁니다. 프리모시사슴벌레는 브이(V) 자 모양의 턱으로
상대방을 들어 올려 튕겨 냅니다. 이 딱정벌레들은
자신과 같은 종류의 수컷들하고만 싸움을 하고
다른 종류와는 싸우지 않습니다.

이 기데온장수풍뎅이도 실제보다 두 배 크게
그려졌습니다. 이들은 높은 나뭇가지 위에서 싸웁니다.
싸움에서 진 기데온장수풍뎅이는 나뭇가지에서
떨어지고, 암컷과 짝짓기 할 기회도 잃게 됩니다.

딱정벌레의 성장

대부분의 딱정벌레는 알·애벌레·번데기·성충,
네 단계의 성장 과정을 거칩니다. 이 모든 과정이
4개월 만에 끝나는 딱정벌레가 있는가 하면,
30년이나 걸리는 딱정벌레도 있습니다.

봄이 되면 암컷 무당벌레가 잎 위에 알을
낳습니다. 4일이 지나면, 무당벌레
애벌레가 알에서 기어 나와 진딧물과
작은 곤충들을 먹기 시작합니다.

애벌레는 많이 먹고, 그만큼 빨리 자랍니다.
무당벌레 애벌레는 위의 그림처럼 네 단계
를 거치며 성장하는데, 그때마다 허물을 벗
고, 크기는 더 커집니다. 애벌레로 약 3개월
정도의 시간을 보냅니다.

무당벌레 애벌레는 네 단계의 과정을
거치지만, 어떤 딱정벌레 애벌레는
한 단계만 거치기도 하고, 서른 단계를
거치며 성장하는 애벌레도 있습니다.
성장을 마친 딱정벌레 애벌레는 마침내
먹는 것을 멈추고 번데기가 됩니다.

이 헤라클레스풍뎅이 애벌레는 실제
크기인데, 썩어 가는 식물성 먹이만
먹습니다. 일부 사람들은 이 헤라클레스풍뎅이
애벌레를 먹기도 합니다.

무당벌레   송장벌레   천공성   기린거위벌레
                        비단벌레 일종

송장벌레는 그들의 새끼를 돌보는 몇 안 되는 곤충 중 하나입니다. 암컷 송장벌레가 죽은 동물 위에 알을 낳으면, 수컷 송장벌레가 알들을 땅속에 묻습니다. 암컷과 수컷은 함께 알을 돌보고, 알 주위를 청소하며, 알에서 깨어난 애벌레들을 보호합니다. 이 애벌레는 죽은 동물들을 먹으며 자라납니다.

몇 주가 지나면 번데기의 허물이 벗겨지고 무당벌레의 성충이 세상 밖으로 나옵니다. 어른이 된 무당벌레는 겨울을 보낼 장소를 찾습니다. 그 장소에서 겨울을 난 무당벌레는 봄이 되면 짝을 찾고 알을 낳습니다. 이렇게 새로운 생명의 삶이 다시 시작됩니다.

수컷 기린거위벌레는 나뭇잎을 튜브 모양의 집으로 만드는데, 이때 길고 구부러진 목을 이용합니다. 이 집에 암컷 기린거위벌레가 오직 단 한 개의 알을 낳습니다.

천공성(나무를 뚫고 사는) 비단벌레의 한 종류인 이 딱정벌레는 마른 나무 안에 알을 낳습니다. 이 알이 성충이 되기까지는 30년 넘는 시간이 걸립니다.

딱정벌레의 식성

대부분의 딱정벌레는 식물을 먹고 삽니다.
잎, 나무껍질, 뿌리, 수액, 꽃가루 등 식물의
모든 부분을 먹을 수 있습니다. 어떤 딱정벌레는
곰팡이나 똥을 먹기도 합니다.

굵은다리병대벌레는 꽃가루를 먹습니다.
그들은 식물이 열매를 맺을 수 있도록
꿀벌처럼 꽃가루를 이 꽃에서 저 꽃으로
나르는 꽃가루 매개 곤충입니다.

쇠똥구리가 없다면 이 세계의 초원은
온통 동물의 배설물로 뒤덮여 버릴지도 모릅니다.
쇠똥구리가 똥을 공 모양으로 굴려서
굴속으로 가지고 가면, 기다리고 있던
쇠똥구리 가족들이 맛있게 먹습니다.

굵은다리병대벌레　　소똥구리　　곰팡이풍뎅이　목화바구미　콜로라도감자잎벌레

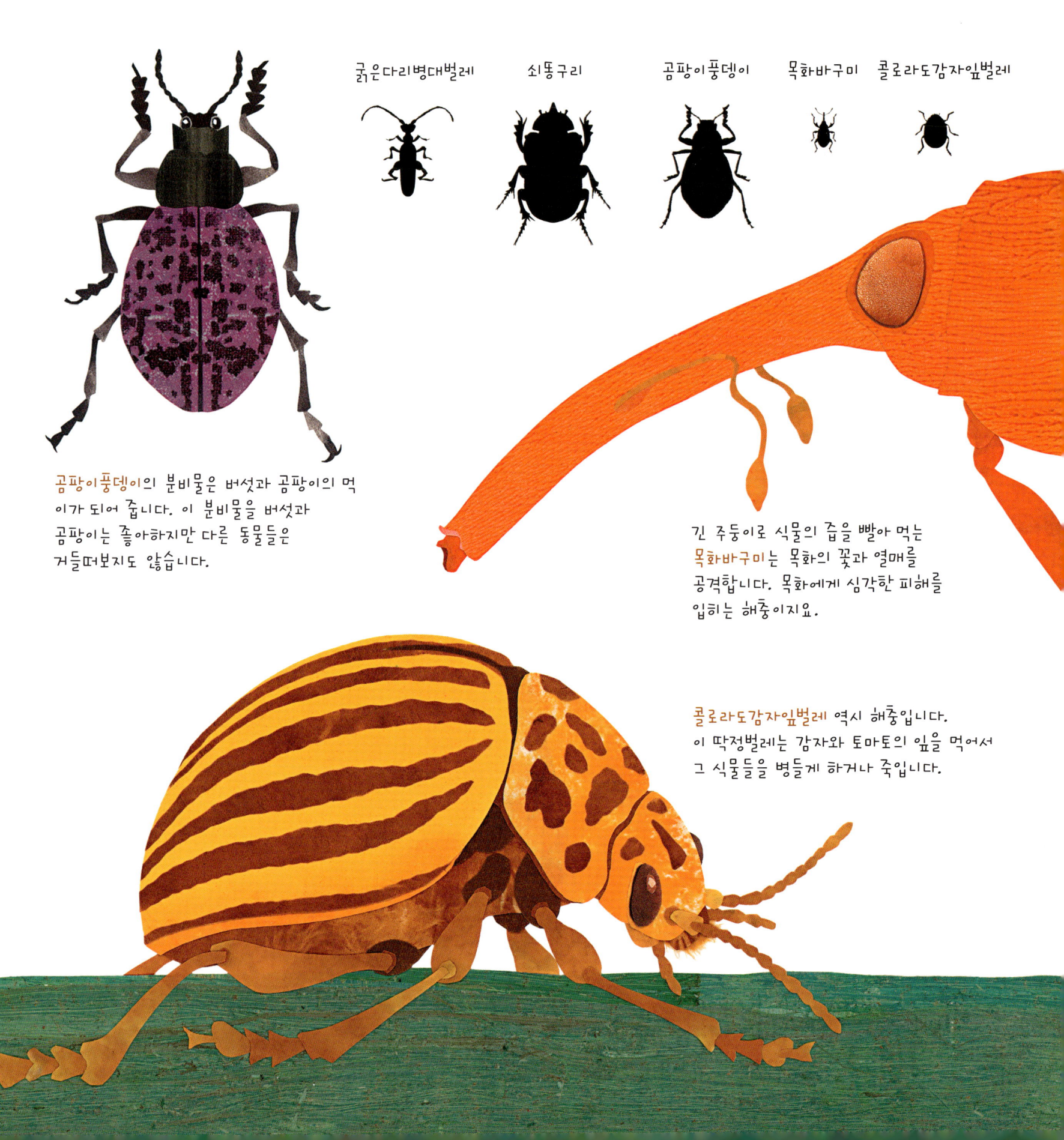

곰팡이풍뎅이의 분비물은 버섯과 곰팡이의 먹
이가 되어 줍니다. 이 분비물을 버섯과
곰팡이는 좋아하지만 다른 동물들은
거들떠보지도 않습니다.

긴 주둥이로 식물의 즙을 빨아 먹는
목화바구미는 목화의 꽃과 열매를
공격합니다. 목화에게 심각한 피해를
입히는 해충이지요.

콜로라도감자잎벌레 역시 해충입니다.
이 딱정벌레는 감자와 토마토의 잎을 먹어서
그 식물들을 병들게 하거나 죽입니다.

사냥꾼과 청소부

사냥을 아주 잘하는 딱정벌레도 있습니다.
이들은 사냥을 해서 애벌레, 거미, 작은 곤충
심지어 작은 물고기나 양서류를 잡아먹습니다.
어떤 딱정벌레는 죽은 동물이나 곤충의 애벌레를
먹기도 합니다.

송장풍뎅이는 죽은 동물의 마른 피부나
살점을 먹습니다. 자연사 박물관은
송장풍뎅이를 이용해 전시할 동물의 뼈를
깨끗하게 청소하기도 합니다. 그래서
송장풍뎅이는 '청소부'라고 불리기도 하지요.

반날개는 곤충, 거미, 달팽이 사냥꾼입니다.
사냥할 때 주둥이에서 털이 수북한 빨판을 가진
긴 막대를 쏴서 천적을 공격하지요. 반날개의
몸통은 코브라 독보다 더 강한 독극물을 지니고
있는데, 크기가 큰 천적으로부터 자신을 지킬 때
이 독을 사용합니다.

무당벌레는 엄청난 식욕을 자랑합니다.
한 마리의 무당벌레가 하루 만에
수백 마리의 진딧물을 먹을 수 있습니다.
정원사들은 무당벌레를 이용해 나무에 있는
진딧물들을 제거하곤 합니다.

 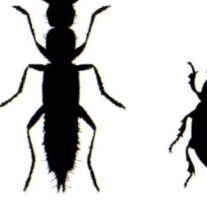 

무당벌레　　반날개　　송장풍뎅이　　육점박이녹색
길앞잡이

무시무시하게 생긴 육점박이녹색길앞잡이는
먹잇감에 조심스럽게 접근해서 순식간에 확
낚아챕니다. 그러고는 면도날처럼 날카로운
큰턱으로 갈기갈기 찢어 놓지요.
거미, 애벌레 등을 잡아먹습니다.

딱정벌레의 신호

딱정벌레는 쉬쉬거리거나, 짹짹거리거나, 쿵쿵거리거나, 찍찍거리는 소리로 신호를 보냅니다. 육지에 사는 생명체에게겐 없고 깊은 바닷속에 사는 생명체에게만 있는 '빛을 내는 능력'을 가진 딱정벌레도 있는데, 이 빛도 신호를 보내는 데 이용됩니다.

이 톡톡거저리는 실제 크기보다 두 배 크게 그려졌습니다. 톡톡거저리는 땅에서 배를 튕겨 낼 때 나는 소리를 이용해 자신의 짝에게 신호를 보냅니다.

이 실제 크기의 피지안하늘소는 딱지날개 밑에서 공기를 쥐어짜 내서 쉬쉬거리는 큰 소리를 만들어 냅니다.

열줄풍뎅이는 방해받거나 공격받을 때면 목이 쉰 사람이 내는 '끽' 소리 같은 아주 특이한 소리를 냅니다. 위에 보이는 열줄풍뎅이의 그림은 실제 크기보다 세 배 크게 그려졌습니다.

반딧불이는 스스로 빛을 만들어 낼 수 있습니다.
이런 현상을 '생물 발광'이라고 합니다. 반딧불이의
배 속에 있는 특별한 공간에서 두 개의 화학 물질이
혼합되면서 빛을 만드는 것이지요. 수컷 반딧불이는
일정한 규칙에 따라 불을 껐다 켰다 하면서 암컷에게
신호를 보냅니다. 암컷 역시 자신만의 규칙적인
빛의 신호로 수컷에게 응답합니다.

반딧불이는 사냥할 때 빛을 사용하기도 합니다.
암컷 반딧불이는 수컷 반딧불이인 척하며 그들의 빛을
흉내 냅니다. 수컷이 그 빛에 응답하여 다가오면,
암컷은 그 수컷을 잡아먹습니다.

톡, 톡, 톡, 톡. 루포빌로숨빗살수염벌레가 내는
소리입니다. 이 딱정벌레가 사는 나무 굴 벽면에
머리를 부딪쳐 짝에게 보내는 신호이지요.
루포빌로숨빗살수염벌레가 벽에 구멍을 뚫을 때 내는
'톡톡' 소리는 우리가 들을 수 있을 정도로 큽니다.

사슴벌레붙이는 괴롭힘을 당하면 날개를
배에 비벼 아주 큰 '찍찍' 소리를 냅니다.
그 소리는 다른 사슴벌레붙이에게
위험을 알리는 신호입니다.

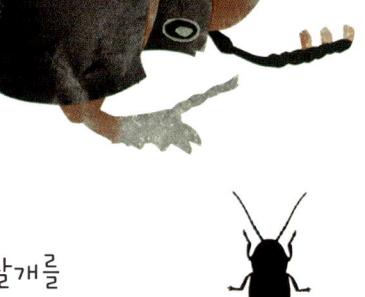  

반딧불이　　사슴벌레붙이　루포빌로숨빗살수염벌레

화학 전쟁

딱정벌레들은 자신만의 화학 무기들을 개발해 왔습니다. 그들은 독이나 불쾌한 맛이 나는 액체, 혹은 아주 뜨거운 액체를 내뿜어 스스로 방어합니다. 이런 딱정벌레들의 몸통은 대부분 밝은색인데, 그들이 맛있는 먹이가 아니라는 것을 포식자들에게 경고하는 의미입니다.

밝은색의 보석바구미는 이렇게 이야기하고 있습니다. "나는 정말 맛이 없어!"

잎벌레의 몸통은 독으로 가득합니다. 그러나 독 말고도 잎벌레에게는 자신을 보호할 수 있는 최후의 수단이 하나 더 있습니다. 잎벌레가 생산해 내는 아주 끈적이는 물질이 바로 그것이지요. 만약 개미가 잎벌레를 먹으려고 한다면, 그 개미는 접착제에 들러붙은 모양으로 발견될 거예요.

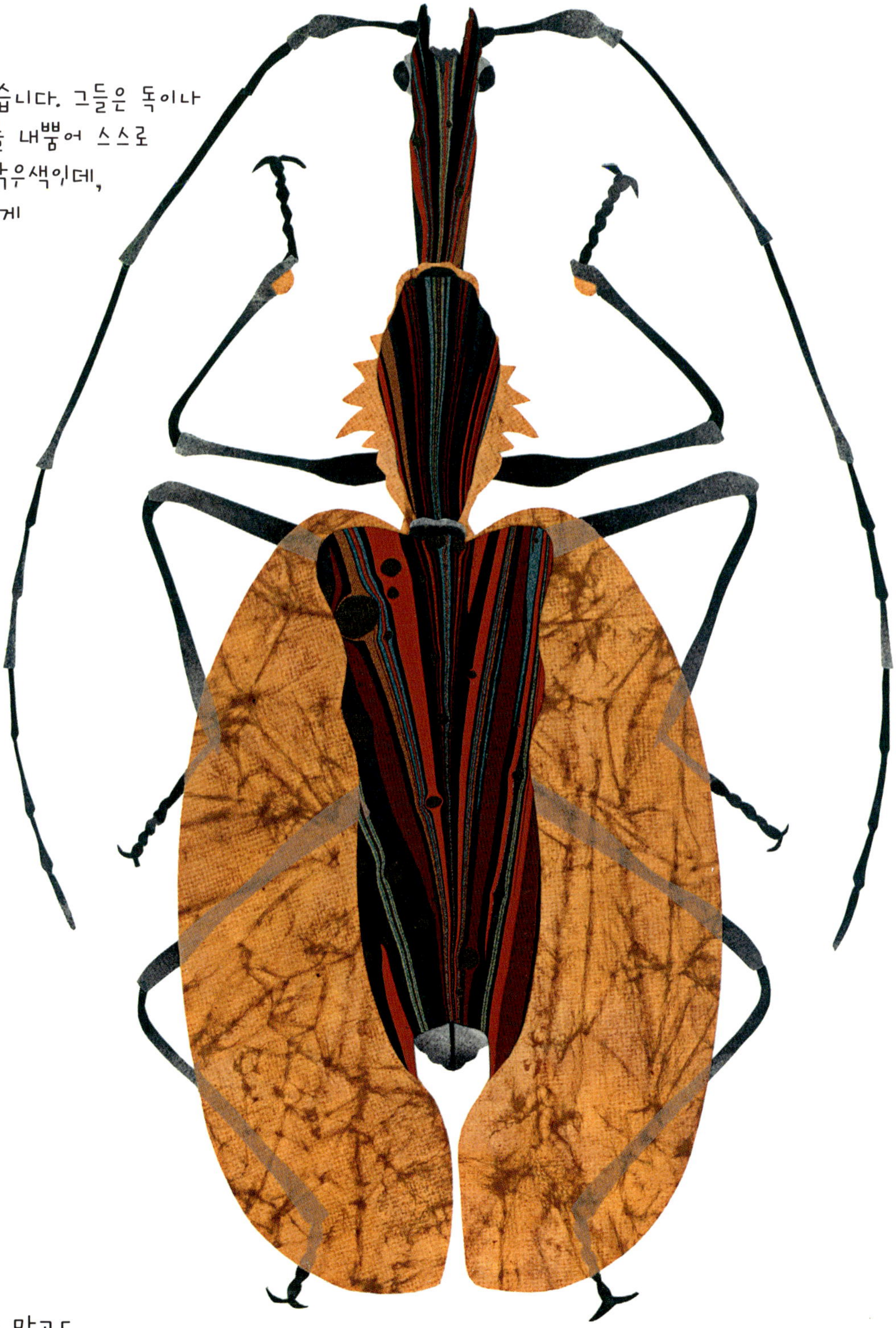

바이올린딱정벌레는 배에 있는 샘에서 산을 찍 내뿜어서 천적을 물리칩니다. 바이올린딱정벌레가 뿜은 이 산을 만지면 손가락이 타들어 가는 듯한 뜨거운 고통을 느끼게 될 것입니다.

폭탄먼지벌레는 인상적인 방어 능력을 가지고 있습니다.
눈을 뜰 수 없을 정도로 뜨거운 액체를 공격자의 얼굴에
뿌리는 것이지요. 이 뜨거운 액체는 폭발력이 있어서
'펑' 하는 아주 큰 소리를 내며 폭발합니다.

아이언십자무늬가뢰의 독은 매우 위험합니다.
만약 사람이 이 독을 만지면 피부에 아주
고통스러운 물집이 생기고, 말이 우연히
아이언십자무늬가뢰를 먹는다면 독 때문에
죽을 수도 있습니다.

냄새명주딱정벌레는 고약한 냄새가 나는
액체를 내뿜으며 스스로 방어합니다.

바이올린딱정벌레   보석바구미   잎벌레   폭탄먼지벌레   아이언십자무늬가뢰   냄새명주딱정벌레

똑똑한 변장

따끔한 침이 있는 벌인 척하면서 천적을 헷갈리게 하는 딱정벌레도 있습니다. 개미를 속여서 음식을 가져오게 하는 딱정벌레도 있지요. 심지어 새의 배설물로 변장을 하는 딱정벌레도 있습니다.

철갑혹거저리는 위협을 받을 때면 다리를 안쪽으로 당긴 상태에서 가만히 멈춰 있습니다. 그렇게 하면 철갑혹거저리는 마치 새가 남기고 간 배설물처럼 보입니다.

눈박이방아벌레는 눈처럼 생긴 큰 두 개의 점이 있는데, 이 큰 점을 본 공격자들은 눈박이방아벌레가 엄청 큰 곤충이라고 오해하게 됩니다.

뿔벌레는 생김새나 냄새 모두 개미와 비슷합니다. 무서운 군대 개미들 사이에서 개미인 척하고 살아가는데, 개미들도 뿔벌레를 딱정벌레가 아닌 개미라고 생각하고 이들을 먹이고 보호해 줍니다.

금빛거미표본벌레는 독이 없습니다. 그러나 언뜻 보기에는 다리를 8개 지닌, 독성이 있는 거미처럼 보입니다. 실제로는 다리가 6개인데 말이지요!

호랑하늘소는 식물들에게 해롭지 않지만 생긴 게 마치
말벌 같습니다. 비행하는 모습조차 말벌과 비슷하지요.
호랑하늘소가 운이 좋다면, 천적들은 호랑하늘소를 말벌로
착각하고 날카로운 침이 두려워 그냥
내버려 두고 떠날 것입니다.

철갑혹거저리   눈박이방아벌레   뿔벌레   금빛거미   호랑하늘소
                                                      표본벌레

딱정벌레의 속임수

대부분의 딱정벌레는 위장을 잘합니다.
천적의 눈에 띄지 않도록 나뭇잎이나 나무껍질인 척하지요.
딱정벌레 고유의 색, 모양 그리고 무늬는 천적이나
먹잇감으로부터 그들을 잘 숨겨 줍니다.

쌀도적

장미꽃무지

비단벌레 일종

할리퀸하늘소

쌀도적의 이름은 '쌀도적'이지만, 실제로는 쌀이 아닌 벌레(다른 딱정벌레도 포함)를 먹습니다. 밝은 몸 색깔 때문에 사냥꾼에게 사냥을 당하기 쉬워 보이지만, 쌀도적이 종종걸음으로 달아나면 형광색 딱지날개가 빛을 반사시켜서, 마치 쌀도적이 여기에 나타났다가 곧 다른 곳에 나타난 듯한 착시를 일으켜 사냥꾼을 혼란에 빠뜨립니다.

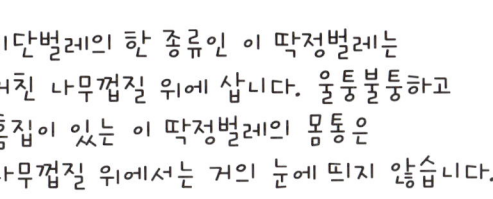

잎에 꼭 매달린 이 장미꽃무지는
식물의 한 부분처럼 보입니다.

비단벌레의 한 종류인 이 딱정벌레는
거친 나무껍질 위에 삽니다. 울퉁불퉁하고
흠집이 있는 이 딱정벌레의 몸통은
나무껍질 위에서는 거의 눈에 띄지 않습니다.

할리퀸하늘소는 화려한 생김새 때문에
어떤 무리 안에 있어도 눈에 띌 것처럼 보입니다.
그러나 할리퀸하늘소는 자신의 집을 색색의 지의류로
뒤덮인 나무 몸통에 만듭니다. 그 집 안에 있으면
화려한 색과 무늬도 잘 숨길 수 있습니다.

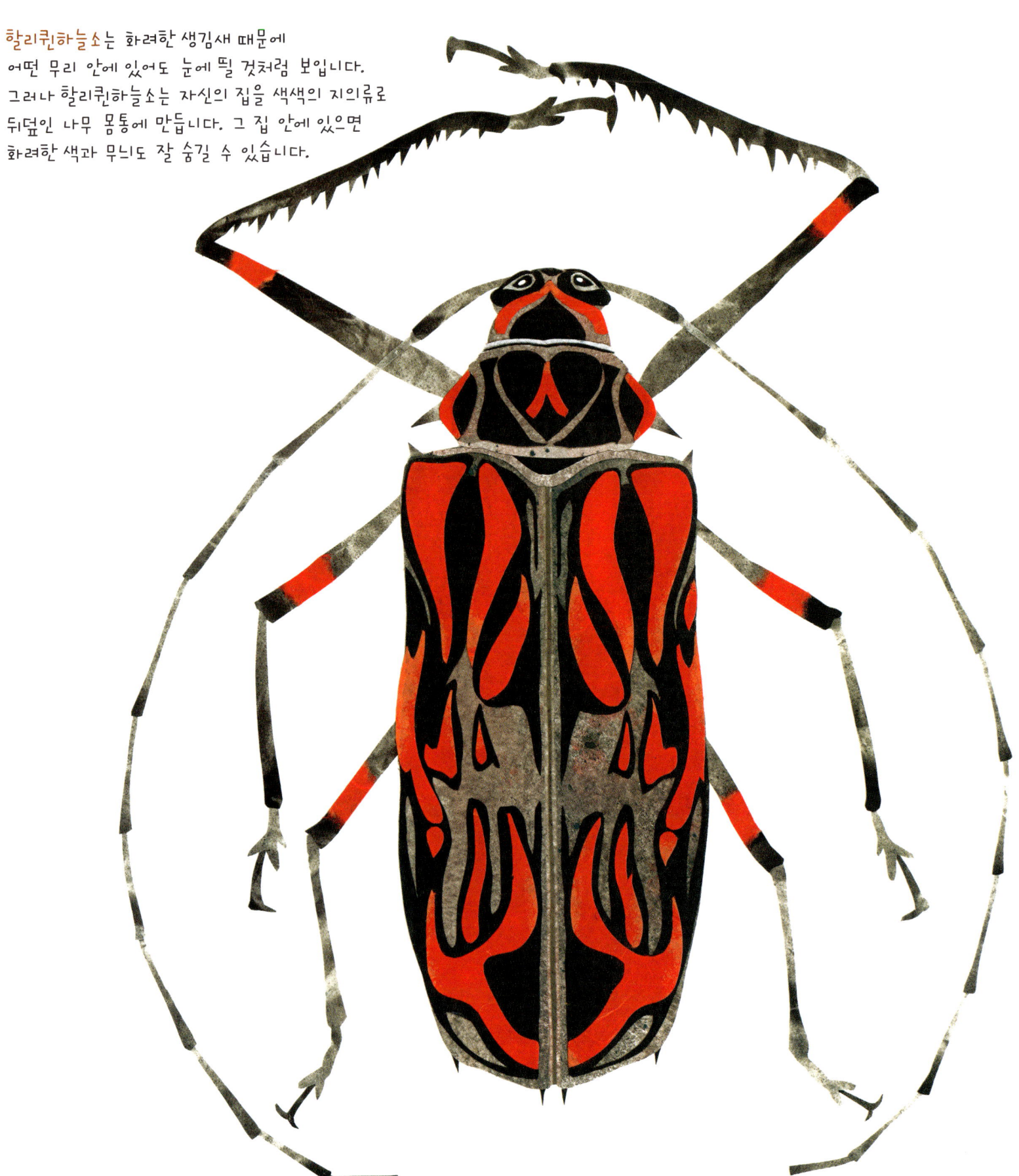

딱정벌레의 움직임

달리고, 기어가고, 날고, 수영하고, 땅을 파고, 점프하고. 딱정벌레는 다양한 방법으로 움직입니다.

호주길앞잡이는 곤충 세계에서 가장 빠릅니다. 만약 사람이 호주길앞잡이가 달리는 속도로 달린다면 제트기와 비슷한 속도로 달리게 될 것입니다.

가지벼룩잎벌레는 아주 강한 뒷다리를 가지고 있습니다. 공격을 받을 때면 뒷다리를 이용해 재빠르게 점프해서 순식간에 사라집니다.

이 작은 스테누스반날개는 물 위를 걸어 다닐 수 있습니다. 화학 물질을 물 위에 뿌려서 물의 표면 장력을 깨트려 빠른 속도로 물 위를 나아갑니다.

가지벼룩잎벌레   호주길앞잡이   스테누스반날개   니티다녹색꽃무지   물방개   두더지하늘소   방아벌레

덩치가 커서 둔해 보이지만,
니티다녹색꽃무지는 재주가 많은 비행사입니다.
따뜻한 날씨에 니티다녹색꽃무지가 현관 주위에서
윙윙거리며 날아다니는 것을 흔하게 볼 수 있습니다.

물방개는 물에서 일생을 보냅니다.
뒷다리를 노처럼 사용해서 물 위아래를
오가며 수영합니다.

두더지하늘소는 삽같이 생긴 앞다리로
흙을 파서 길을 만듭니다.

방아벌레가 위협을 받을 때면 등을 둥그렇게 만 뒤,
마치 용수철같이 퉁 튕겨 내서 배가 위로 오게끔 몸통을
뒤집습니다. 그리고 공중으로 튕겨 올라갑니다.
이 갑작스러운 점프와 이때 크게 나는 '딸깍' 소리는
방아벌레의 천적들에게 혼란을 줍니다.

딱정벌레의 크기

어떤 딱정벌레는 눈에 보이지 않을 정도로 작습니다.
어떤 딱정벌레는 여기에 그려진 그림 크기만큼
아주 크기도 합니다.

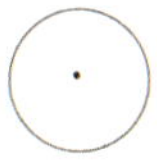

이 원 안에 있는 점은
세계에서 가장 작은 딱정벌레인
풍뎅이붙이의 크기입니다.

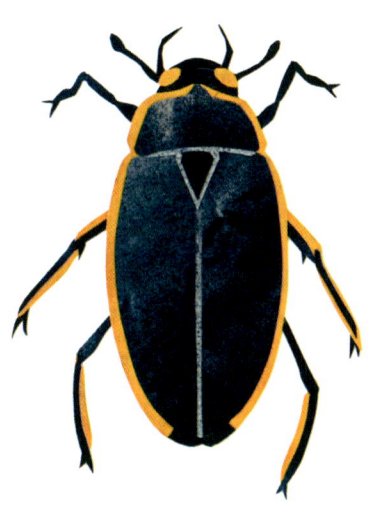

큰물방개는 작은 물고기나 개구리를
잡아먹을 수 있을 만큼 큽니다.

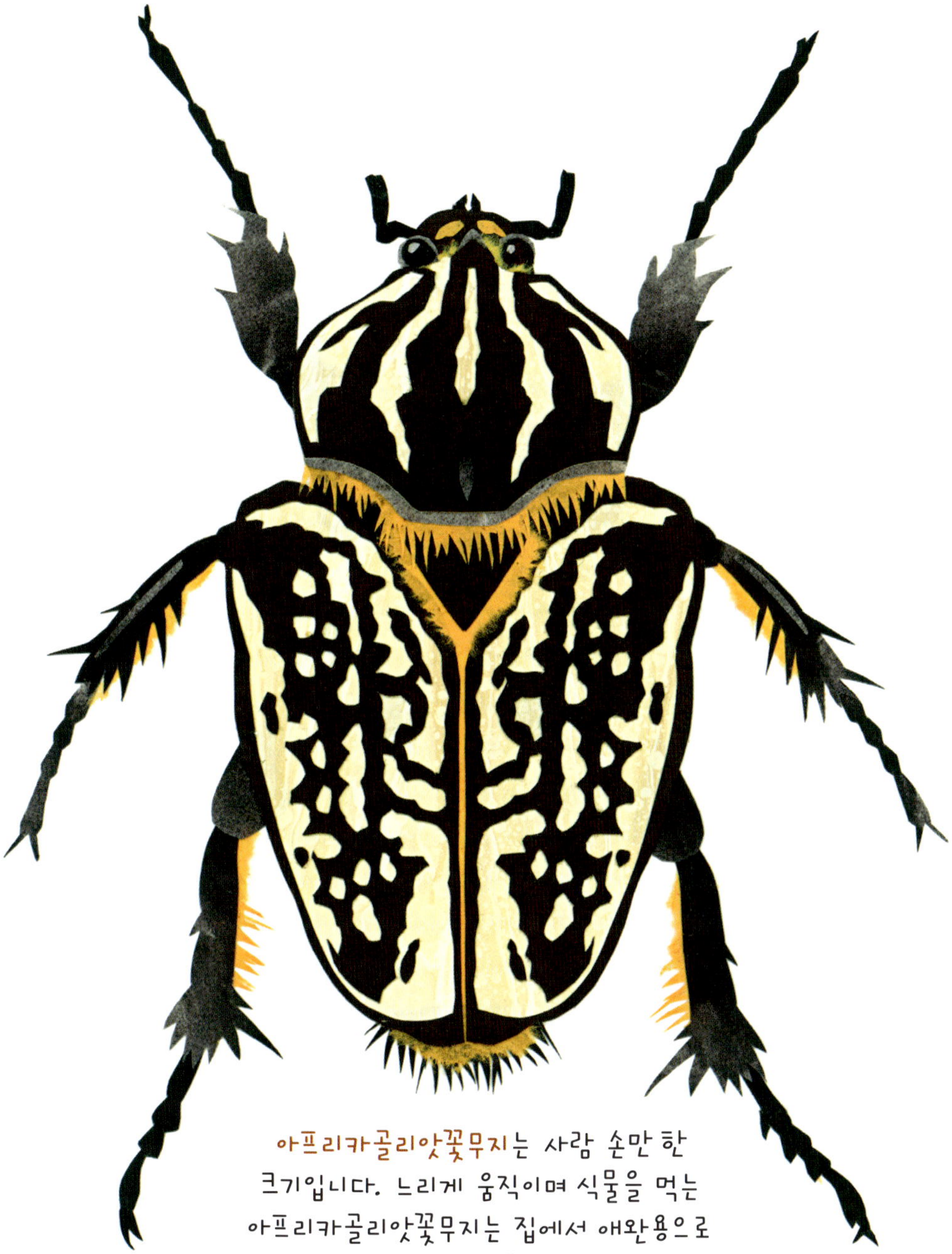

아프리카골리앗꽃무지는 사람 손만 한
크기입니다. 느리게 움직이며 식물을 먹는
아프리카골리앗꽃무지는 집에서 애완용으로
키워지기도 합니다.

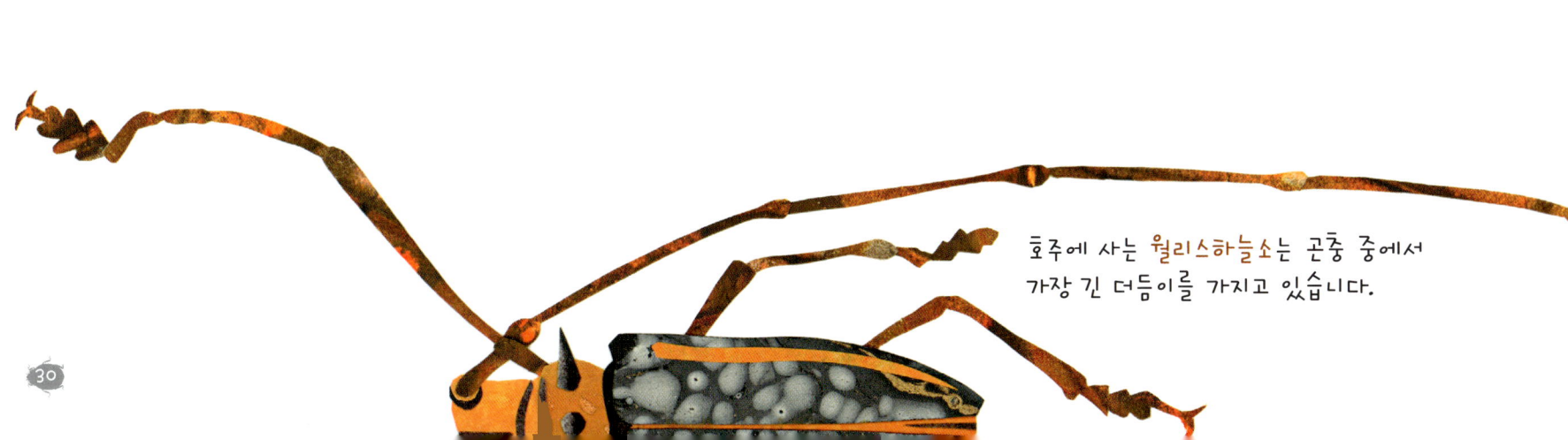

호주에 사는 월리스하늘소는 곤충 중에서
가장 긴 더듬이를 가지고 있습니다.

타이탄하늘소는 세계에서 가장 긴 딱정벌레입니다.
타이탄하늘소의 큰턱은 딱딱한 연필을 반 토막 낼 수 있을 정도로
강력합니다. 이 거대한 곤충은 아마존 열대 우림에 서식합니다.

● 감수인의 말

딱정벌레, 영원한 인간의 친구!

　공원에서, 길거리에서, 학교 운동장에서 곤충을 본 적이 있나요? 여러분이 보고 지나쳤던 곤충의 세 마리 중 한 마리는 아마 딱정벌레였을 거예요. 딱정벌레는 현재 지구상에 존재하는 곤충 중 가장 많은 종류를 차지하고 있거든요. 우리에게 이름이 알려진 종류만 해도 39만 종이 넘는답니다.

　딱정벌레는 공룡이 살았던 2억 3천만 년 전부터 지구에 터를 잡고 살아왔습니다. 인간보다 훨씬 먼저 이 지구 곳곳에 흔적을 남겨 왔지요. 오랜 시간 동안 수많은 종류로 진화를 거듭해 온 딱정벌레야말로 지구 생태계의 왕이라 할 수 있지요. 딱정벌레를 빼놓고는 지구 생태계를 이야기할 수 없을 거예요.

　딱정벌레는 어떻게 이렇게 다양한 종류로, 긴 시간에 거쳐 진화를 계속해 올 수 있었을까요? 바로 딱정벌레 몸통에 있는 단단한 껍데기 덕분입니다. 이 딱딱한 껍데기가 천적들로부터 딱정벌레를 지켜 주었습니다. 자유롭게 비행하며 이동할 수 있는 날개, 다른 생물에 비해 작은 몸집, 예민하게 발달한 감각 기관과 운동 신경계 역시 험난한 지구 생태계에서 딱정벌레가 긴 세월 동안 생존할 수 있도록 도와주었답니다.

　딱정벌레는 종류가 다양한 만큼 서식지도 매우 다양합니다. 바다와 극지방을 제외한 거의 모든 육지에 서식하고, 심지어 물속에서 살기도 합니다. 먹이도 다양해서 곰팡이, 식물, 작은 생물 등을 먹기도 하지요. 이 그림책만 봐도 딱정벌레들이 얼마나 다채롭고 형형색색인지 느낄 수 있을 거예요.

　종류도 많고, 사는 곳도 다양하고, 먹이도 각기 다른 딱정벌레들은 그 다양성만큼 사람에게 이로운 점도 많고, 반대로 해로운 영향을 끼치기도 합니다. 그러나 분명한 사실은 딱정벌레는 우리와 함께 공존하며 진화해 왔다는 점입니다. 오랜 시간 인간의 친구였던 딱정벌레는 앞으로도 늘 우리 곁에 있을 것이며, 계속해서 지구 생태계를 주름잡는 작은 주인으로 남을 것입니다. 딱정벌레에 관해 잘 알려지지 않은 사실들을 계속 연구해 나간다면, 딱정벌레의 새롭고도 다양한 장점들을 더 많이 찾아낼 수 있겠지요. 초원이 똥으로 뒤덮이지 않게 해 주는 쇠똥구리나, 자연사 박물관에서 청소부 노릇을 하는 송장풍뎅이처럼 말이에요!

　『지구 생태계의 왕 딱정벌레』를 시작으로 앞으로 여러분에게 딱정벌레에 관한 재미있고 유익한 정보를 알려 주는 책들이 많이 출간되었으면 좋겠습니다. 여러분이 이 그림책을 통해 딱정벌레뿐만 아니라 이 지구에 사는 다양한 생명체에 관심을 갖고, 이들을 이해하는 데 큰 도움을 얻기 바랍니다.

　　　　　　　　　　　　　　　　　　　　　　　　　　　　　　　　　　－ 임 종 옥 (국립수목원 임업연구사)

스티브 젠킨스 1952년 미국 노스캐롤라이나 주에서 태어났다. 책을 쓰는 작가이자 그림을 그리는 일러스트레이터이자 그래픽 디자이너로 활발하게 활동하고 있다. 특히 '동물 생태계'에 관심이 많아 그에 관한 책을 여러 권 출간하였다. 독특하면서도 사실적인 콜라주 기법을 이용해 마치 동물이 책 속에서 튀어나올 것처럼 생생하게 그려진 그림책을 만드는 작가로 유명하다. 칼데콧 상·보스턴 글로브 혼북 상·뉴욕 타임스 최고 그림책상 등, 공신력 있는 상을 여러 차례 수상하였다. 지은 책으로는 『아트 동물 그림책』, 『신비한 눈의 비밀』, 『동물 아빠들』, 『이렇게 생긴 몸으로 무엇을 할까?』, 『지구 생태계의 왕 딱정벌레』 등이 있다.

마술연필 어린이와 청소년을 위해 유익하고 감동적인 글을 쓰고 책을 펴내는 아동청소년문학 기획팀이다. 호기심과 상상력이 풍부한 아동청소년문학 작가·번역가·편집자가 한데 모여, 지혜와 지식이 가득한 보물창고를 만들기 위해 애쓰고 있다. 지은 책으로 『루이 브라이, 손끝으로 세상을 읽다』, 『우리 조상들은 얼마나 책을 좋아했을까?』, 엮은 책으로 『자연에서 만난 시와 백과사전』, 『1학년 창작동화』, 『1학년 이솝우화』, 『1학년 전래동화』, 옮긴 책으로 『재미있는 내 얼굴』, 『모든 사람이 제멋대로 한다면』, 『화가 날 땐 어떡하지?』 등이 있다.

임종옥 1979년 충북 음성에서 태어났다. 충북대학교에서 농생물학을 공부하고, 서울대학교에서 농생명공학부 박사 학위를 받았다. 농촌에서 태어나고 자라 어린 시절부터 잠자리, 메뚜기 같은 곤충과 쉽게 친해질 수 있었나. 산림청 국립수목원 박사후 연구원과 브라질 에스피리토산토 연방대학교 박사후 연구원을 지냈다. 현재는 산림청 국립수목원 임업연구사로 활동하며 천연기념물인 장수하늘소를 비롯한 다양한 딱정벌레와 산림 곤충의 분류학 연구를 하고 있다.

●●●

〈지구를 살리는 그림책〉 함께 읽어 보세요!

❶ 지구를 살리는 위대한 지렁이
❷ 아마존 열대 우림의 속삭임
❸ 지구 생태계의 왕 딱정벌레
❹ 플라스틱 병의 모험
❺ 빙빙빙 지구 소용돌이의 비밀
❻ 지구의 파란 심장 바다
❼ 멸종하게 내버려 두면 안 돼
❽ 알루미늄 캔의 모험

지구를 살리는 그림책 3

지구 생태계의 왕 딱정벌레

펴낸날 초판 1쇄 2017년 3월 30일 | 초판 3쇄 2020년 5월 15일
지은이 스티브 젠킨스 | **옮긴이** 마술연필 | **감수** 임종옥(국립수목원 임업연구사) | **펴낸이** 신형건 | **펴낸곳** (주)푸른책들·**임프린트** 보물창고 | **등록** 제321-2008-00155호
주소 서울특별시 서초구 양재천로7길 16 푸르니빌딩 (우)06754 | **전화** 02-581-0334~5 | **팩스** 02-582-0648
이메일 prooni@prooni.com | **홈페이지** www.prooni.com | **인스타그램** @proonibook | **블로그** blog.naver.com/proonibook
ISBN 978-89-6170-591-2 77490

THE BEETLE BOOK by Steve Jenkins
Copyright © 2012 by Steve Jenkins
All rights reserved.
This Korean edition was published by Prooni Books, Inc. in 2017 by special arrangement with Houghton Mifflin Harcourt Publishing Company
through KCC(Korea Copyright Center Inc.), Seoul.
이 책은 (주)한국저작권센터(KCC)를 통한 저작권자와의 독점계약으로 (주)푸른책들에서 출간되었습니다.
저작권법에 의해 한국 내에서 보호를 받는 저작물이므로 무단전재와 복제를 금합니다.

＊잘못된 책은 구입한 곳에서 바꾸어 드립니다.
＊이 책 내용의 일부 또는 전부를 재사용하려면 반드시 저작권자와 (주)푸른책들 양측의 서면 동의를 얻어야 합니다.

＊이 도서의 국립중앙도서관 출판시도서목록(CIP)은 서지정보유통지원시스템 홈페이지(http://seoji.nl.go.kr)와
국가자료공동목록시스템(http://www.nl.go.kr/kolisnet)에서 이용하실 수 있습니다. (CIP제어번호:CIP2017002533)

＊보물창고는 (주)푸른책들의 유아, 어린이, 청소년 도서 전문 임프린트입니다.

(주)푸른책들은 도서 판매 수익금의 일부를 초록우산 어린이재단에 기부하여
어린이들을 위한 사랑 나눔에 동참합니다.

지구를 살리는 그림책